EXAMEN CRITIQUE

D'UN OUVRAGE INTITULÉ

RÉFLEXIONS POLITIQUES

SUR QUELQUES ÉCRITS DU JOUR;

Par M. DE CHATEAUBRIAND.

(Extrait du Journal Royal.)

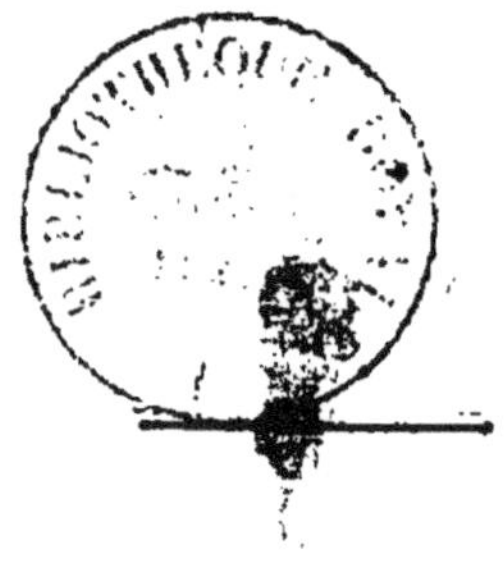

A PARIS,

Chez P. GUEFFIER, Imprimeur-Libraire,
rue Guénégaud, n°. 31;
Et chez tous les Marchands de Nouveautés.

1814.

EXAMEN CRITIQUE

D'un ouvrage intitulé : *Réflexions politiques sur quelques écrits du jour;* par M. DE CHATEAUBRIAND.

En adressant à M. de Chateaubriand cet hommage dû à ses grands talens, nous nous permettrons de faire quelques observations qui nous sont inspirées par l'amour de la vérité, et nous les soumettons à ses réflexions. Servir son pays, faire connaître à ses concitoyens leurs vrais intérêts, réconcilier tous les esprits, les attacher au gouvernement, tel est le but que doit se proposer un écrivain qui a une grande influence sur l'opinion publique. M. de Chateaubriand, en analysant des écrits politiques dont on s'est déjà trop occupé, a donné une preuve nouvelle de ses sentimens. Cet ouvrage justifie sa réputation : on y retrouve cette éloquence entraînante, ce style harmonieux, ces pensées brillantes, cette imagination féconde, qui distinguent cet écrivain. Des principes de sagesse, de justice et d'ordre social, en font connoître l'esprit; mais nous regrettons qu'un cadre trop resserré ne lui ait pas permis de donner plus de développemens à ses idées. Il nous auroit peut-être expliqué ce qu'il entend par les *vieux royalistes*. Sont-ce ces hommes qui, fidèles à leurs sermens, n'ont jamais varié dans leurs opinions et dans leurs principes? Sont-ce ces hommes qui, sourds à l'intérêt et à l'ambition, ont préféré une honorable obscurité à cette célébrité achetée par des sacrifices condamnés par l'honneur et la fidélité? Sont-ce ces hommes qui, jusqu'à l'ouverture de nos états-généraux, en 1789, pensoient que la France avoit vieilli heureuse sous ces lois qui formoient son antique constitution, et qui, pleins de confiance aujourd'hui dans les lumières du Roi, déposent aux pieds du trône, qu'ils défendront jusqu'à la dernière goutte de leur sang, leur soumission aux changemens commandés impérieusement par les circonstances? M. de Chateaubriand, toujours si heureux dans le choix de ses expressions, ne l'a point été dans celles que nous venons de réfuter. Lorsqu'il foudroie les opinions des éternels ennemis du gouvernement, lorsqu'il prêche avec une éloquence persuasive la paix, l'union et la concorde, il réunit tous les suffrages , et dans cet accord unanime les vétérans de la monarchie française apportent cette bonne foi compagne de l'honneur. Leur indignation se mêle à celle de l'écrivain, quand il parle dans son ouvrage de ce régicide qui, dans un audacieux mémoire, a voulu justifier ce crime que les dieux du paganisme ne pardonnoient jamais ; qui, dans une lettre au Roi, a profané les principes sacrés de la religion pour couvrir l'apologie qu'il en a faite. Le nom du coupable, trop répété, la clémence du Roi, qui le laisse jouir de son existence politique assez connue, devroient engager tous les écrivains à n'en plus parler , et nous aurions désiré que M. de Chateaubriand n'eût point tiré de l'oubli la doctrine exécrable de Buchanan et de Marianna, dont l'application en 1793 nous a couvert d'une tache ineffaçable. Il est des tableaux si odieux qu'ils ne doivent être exposés qu'une fois aux regards des peuples ; il convient mieux à notre dignité, en les écartant, de suivre l'auteur de l'ouvrage dont nous rendons compte , lorsqu'il s'élève énergiquement contre ces infatigables perturbateurs de la tranquillité publique, qui, s'agitant au milieu du mépris qui les accompagne, écrivent, accusent, et secouent les brandons de la discorde. Qu'ils jouissent en paix de leurs honneurs et de leur fortune, qu'ils se glorifient de leurs crimes ; mais qu'ils ne disent point qu'ils sont persécutés et proscrits. Ils vivent aussi paisiblement dans leurs habitations que le sujet le plus fidèle du Roi et le plus honnête homme de son royaume. S'ils avoient commis contre l'usurpateur la dixième partie des attentats qu'on a le droit de leur reprocher, auroient-ils osé l'interpeller ?

M. de Chateaubriand pense qu'un homme dont l'opinion constante ne cède ni à la fortune, ni au temps, ni aux circonstances, est un homme estimable. Nous sommes parfaitement de son avis, si l'opinion qu'il a adoptée n'est point contraire au bonheur de ses concitoyens. Son premier devoir, comme membre d'une grande famille, étoit de l'examiner avec la plus scrupuleuse attention, pour savoir si les résultats ne lui seroient point funestes. Mais croit-il qu'il pouvoit exister en France un républicain de bonne foi ? Son jugement, la connoissance qu'il a du cœur humain, ne lui ont pas permis de se méprendre sur les motifs de tous ceux qui ont déployé en France les bannières de la république : leur opposition au rétablissement de la monarchie a prolongé nos malheurs. Le Roi pardonne, oublions le passé ; mais à côté de l'acte de clémence gardons-nous de placer l'excuse des torts : la postérité nous en feroit un crime. En vain, dans leurs discours et dans leurs libelles, les régicides s'efforcent de dire que de nombreuses adresses d'adhésion au jugement du Roi ont prouvé que la nation avoit trempé dans le crime de ceux qui l'ont condamné. Répondons-leur avec M. de Chateaubriand : « Ne flétrissez point tous les Français pour excuser quelques hommes ; » et ajoutons : l'assassinat est à vous, à vous seuls devroit appartenir la honte, si l'opinion des étrangers étoit juste.

Né Français, jaloux de la gloire, de l'honneur, de la réputation de notre patrie, nous désirerions partager l'opinion du célèbre auteur qui nous occupe ; mais le sentiment de conciliation qui l'anime, et que nous respectons, ne peut pas nous déterminer à lui faire le sacrifice de notre façon de penser, qui est celle de la grande majorité de la nation. Il est impossible, pour rendre plus odieux les régicides, de retrancher de leur nombre ceux qui ont voté la mort avec l'appel au peuple ou avec une condition dont l'objet étoit d'éloigner l'exécution. Sa plume peut envelopper de quelque séduction un rai-

sonnement captieux ; mais il ne persuadera jamais qu'un acte criminel est une erreur ou une
foiblesse : les circonstances ont pu atténuer son
énormité, mais n'ont pas changé sa nature. Il
en est des grands principes comme de la vérité,
elle est une dans tous les temps. Cet intérêt que
M. de Chateaubriand semble prendre à ceux qui
n'ont pas prononcé un oui absolu dans le pro-
cès de Louis XVI, disparoît lorsqu'on examine
leur conduite antérieure à cette époque, qui fut
le complément de tous les forfaits. Ne les aper-
çoit-on pas dans les journées séditieuses du 20
juin et du 10 août ? Leurs virulentes déclama-
tions contre la royauté et les institutions les
plus sacrées restent encore déposées dans les
journaux du temps. En établissant une juste
distinction entre les membres de la Convention
qui ont prononcé l'arrêt de mort, et ces hommes
craintifs et tremblans qui ont voté pour la ré-
clusion ou le bannissement, on ne peut pas dis-
convenir que la majeure partie des députés avoit
déclaré Louis XVI coupable d'attentats contre
la liberté et de conspiration contre la sûreté de
l'Etat. Par cette déclaration ils ont justifié les
rébellions des 20 juin et 10 août, ils ont amené
cette discussion où l'on voyoit le glaive régicide
suspendu sur la tête de leur Roi. La distinction

marque quelques nuances qui ne séparent point les coupables. Ce grand crime devoit être consommé ; toutes les circonstances se réunissent pour le faire présumer , et M. de Chateaubriand les a développées avec sa sagacité ordinaire ; mais n'est-il donc pas permis de penser que si les députés timides avoient eu le courage de résigner leurs fonctions , en se déclarant incompétens pour juger le chef de l'Etat dont ils avoient proclamé l'inviolabilité , cette énergie auroit pu avoir des suites heureuses pour le Roi? La terreur paralyse, mais il ne faut qu'un mouvement pour ramener un peuple à ses devoirs, lorsque son inclination le porte à les remplir : cent mille bras se seroient levés pour le sauver, si une seule voix se fût fait entendre contre ses assassins. Il est infiniment pénible de lever le rideau qui dérobe à nos yeux le passé ; vingt-deux ans se seront bientôt écoulés depuis la catastrophe, et ce long intervalle, peut-être occupé par des actions estimables, nous auroit imposé un éternel silence, si un écrit qui fixe l'attention du public ne nous avoit forcé pas à le rompre.

En suivant l'auteur des *Réflexions politiques*, notre tâche devient moins difficile à remplir ; et si nous sommes encore dans la dure nécessité de relever quelques passages de son livre, c'est en rendant un nouvel hommage à cette supériorité d'un talent universellement admiré. Eloquent défenseur des émigrés, M. de Chateaubriand démontre que leur sortie de France, à la fin de 1791 et au commencement de 1792, étoit commandée par l'honneur et la nécessité. Il n'est pas un seul individu qui ne sache dans quelle situation se trouvoit alors la noblesse française ; mais la manière dont il a dépeint la sublimité et les devoirs de ce sentiment inné dans le cœur des gentilshommes, est neuve pour un grand nombre de ses lecteurs. Il falloit une imagination aussi heureuse que la sienne , pour placer dans le même tableau ce vieux roi de Bohême, privé de la lumière, et tombant dans les champs de Crécy, en léguant, pour ainsi dire, à son vainqueur, cette devise qui, portée par l'héritier présomptif (1) de la couronne d'Angleterre, attestera à jamais son honneur ; ces officiers-généraux français courbés sous le poids des ans, et qui, pour prix de leurs services, ne demandoient aux

---

(1) Ich dien.

frères du Roi que l'honneur d'être enrolés sous leurs drapeaux ; ces trois générations de héros, combattant le même jour à la tête de cette légion immortelle signalée par tant de prodiges de valeur, qu'on en suspecteroit la véracité si elle n'avoit pas été composée de Français; et enfin, ces royalistes de l'ouest si dignes de notre admiration. C'est dans l'ouvrage même qu'il faut lire les réflexions qui ornent ce tableau si intéressant ; nous sentons que notre plume est au-dessous d'un si beau sujet. Nous ne pouvons pas cependant nous refuser au plaisir de représenter, avec M. de Chateaubriand, ces Vendéens, ces Chouans, dont l'habit est *aussi ancien que leur fidélité*, parcourant les salles du palais du Roi. Élevés dans les camps, intrépides et dévoués comme Jean Bart, étrangers comme lui aux usages des cours, ils donneroient plus d'une leçon à ceux qui osent les railler.

Pour réfuter toutes les absurdités sur les prétentions des émigrés, l'auteur des *Réflexions politiques* rappelle l'époque de leur rentrée en France, et il retrace les circonstances où se sont trouvées successivement ces familles; il fait voir que la conscription, ou même ce pen-

chant irrésistible qui entraîne le jeune gentil-
homme partout où il faut acquérir de la gloire,
avoient peuplé nos armées des descendans des
connétables et des maréchaux de France. L'ac-
cusation de ces hommes qui, tourmentés d'un
sentiment pénible, ne peuvent pas supporter
l'idée de voir les autres heureux, est si vide de
sens, que M. de Chateaubriand ne se seroit point
détourné pour leur répondre, si elle n'avoit pas
donné lieu à des observations extrêmement
justes : et en effet, lorsqu'à la voix de Dieu,
cet homme que l'armée ne pouvoit pas estimer,
tomba du char de la victoire où son génie mal-
faisant l'avoit trop long-temps soutenu, cette
jeunesse accourut de tous les corps pour se
ranger dans ce bataillon qui, sur les bords de
la Bérézina, donna un exemple si mémorable
de fidélité. Elle se vengera de ceux qui portent
sur elle un regard de jalousie ou d'envie, en
leur apprenant comment un Français doit servir
son roi et sa patrie.

Notre couleur, dans ce tableau si intéressant, paroîtroit bien foible, si le travail d'un
rédacteur de journal devoit être comparé à l'ouvrage d'un auteur accrédité. Assurés de l'in-
dulgence du public, nous avons ajouté à ses

développemens quelques idées qui nous ont paru atteindre au même but. Mais lorsqu'il parle des prêtres, ce beau passage ne souffre point de commentaires : il faut le transcrire et admirer.

« Qu'a fait le clergé pour le Roi? Voilà la question des mécontens. M. de Châteaubriand leur répond : Interrogez l'église des Carmes, les pontons de Rochefort, les déserts de Sinamari, les forêts de la Bretagne et de la Vendée, toutes ces grottes, tous ces rochers où l'on célébroit les Saints-Mystères en mémoire du roi martyr; demandez-le à ces apôtres qui, déguisés sous l'habit du laïc, attendoient dans la foule le char des proscriptions pour bénir, en passant, les victimes; demandez-le à toute l'Europe qui a vu le clergé français suivre le fils aîné de l'église, dernière pompe attachée au trône errant que la religion accompagnoit encore lorsque le monde l'avoit abandonné. Que font-ils aujourd'hui ces prêtres qui vous importunent? Ils ne donnent plus le pain de la charité, ils le reçoivent. Les successeurs de ceux qui ont défriché les Gaules, qui nous ont enseigné les lettres et les arts, ne font point valoir leurs services passés; ceux qui formoient le premier ordre de l'Etat sont peut-être les seuls qui ne réclament point quelque droit politique. Magnanime exemple donné par les disciples de celui dont *le royaume n'étoit pas de ce monde!* Tant d'illustres évêques, doctes confesseurs de la foi, ont quitté la crosse d'or pour reprendre le bâton des apôtres. Ils ne réclament de leur riche patrimoine que les trésors de l'évangile, les pauvres, les infirmes, les orphelins et tous ces malheureux que vous avez faits. »

La vérité, parée ici de tous les charmes de l'éloquence, nous rappelle la touche de Massillon. Mais, nous le disons à regret, nous sommes loin d'apercevoir le sentiment et le talent dans un passage qui précède. Nous allons le mettre sous les yeux de nos lecteurs.

« La mort du roi et de la famille royale est le véritable crime de la révolution. *Presque* tous les autres actes de cette révolution sont des erreurs collectives souvent expiées par des vertus et rachetées par des services, des torts communs qui ne peuvent être imputés à des particuliers, des malheurs qui sont le résultat des passions, le produit du temps, l'inévitable effet de la nécessité, et qu'on ne peut ni ne doit reprocher à personne. »

Les massacres des Carmes et de l'Abbaye, la journée du 2 septembre, les noyades de Nantes, etc., etc., etc., sont des erreurs, et des erreurs collectives !... Arrêtons-nous ; M. de Chateaubriand a déjà reconnu la sienne. Contentons-nous de lui faire convenir que lorsqu'il écrit d'après son ame et sa conviction, son style est bien différent. Nous le retrouverons dans le chapitre où il parle des émigrés rentrés avec le Roi. Qu'elle est belle la peinture qu'il nous fait de ce prince venant se placer au milieu de sa grande famille, entouré de ces illustres proscrits, de ces sujets si fidèles qui ont prouvé que les princes qui sont faits pour avoir des amis n'en sont point abandonnés dans l'adversité ! Ecoutons-le lorsqu'il met dans la bouche du Roi un discours si touchant adressé à ces serviteurs qui ne l'ont point quitté dans son exil : « Compagnons vieillis avec moi dans la terre étrangère, me voilà revenu dans mon palais ; j'ai retrouvé mon peuple, mon bonheur, la gloire de mes aïeux; vous, vous avez tout perdu pour moi; vos biens sont vendus, les cendres de vos pères dispersées; adieu, je ne vous connois plus. » Tel est le

langage que les méchans voudroient faire tenir
au monarque; ils voudroient le rendre ingrat
pour le calomnier, et l'isoler pour le perdre.

C'est une grande jouissance pour nous de
suivre M. de Chateaubriand dans une route fa-
cile, bien tracée et qu'il a semée de fleurs. Ses
réflexions sur la vente des biens des émigrés
portent son cachet : laissons-le parler. « Le véritable langage à tenir sur les émigrés, pour
être équitable, c'est de dire que la vente de
leurs biens est une des plus grandes injustices
que la révolution ait produites; que l'exemple
d'un tel déplacement de propriétés, au milieu
de la civilisation de l'Europe, est le plus dan-
gereux qui ait jamais été donné aux hommes;
qu'il n'y aura peut-être point de parfaite récon-
ciliation entre les Français jusqu'à ce qu'on ait
trouvé le moyen, par de sages tempéramens,
des indemnités, des transactions volontaires,
de diminuer ce que la première injustice a de
criant et d'odieux : on ne s'habituera jamais à
voir l'enfant mendier à la porte de l'héritage
de ses pères. » Ce plaidoyer seroit sans réplique,
si les circonstances permettoient de réparer sans
ménagement cette criante injustice; et celui qui
la dénonce aussi hautement, dit avec raison,

que les moyens doivent venir du temps et que
la sagesse doit présider aux mesures que l'on
pourra prendre. Nous nous réunissons à lui pour
en appeler au désintéressement et à l'honneur
des Français. Nous avons plus d'une fois an-
noncé dans cette feuille que ces deux vertus
sont leur apanage, et nous sommes heureux de
nous rencontrer avec l'auteur des *Réflexions
politiques*.

Nous aimons à suivre M. de Chateaubriand
lorsqu'il poursuit dans tous les accès de leur dé-
lire les auteurs des écrits du jour qui censurent
le titre du Roi, la date de son règne et le préam-
bule formulaire de ses édits ; il entre dans une
dissertation historique pour prouver que le titre
de Roi de France, porté par tous les ancêtres de
Louis XVIII, lui appartenoit de droit. Toutes les
recherches de l'érudition ne peuvent rien contre
des adversaires de mauvaise foi. Il falloit sim-
plement leur dire : « Lorsque la nation entière se
réjouit de voir anéantir toutes ces innovations
si contraires à ses habitudes et à ses vœux ;
lorsque son Roi, si long-temps attendu et si désiré, se présente à elle avec un titre dont s'ho-
noroient Charles V, Louis XII, François Ier,
Henri IV et Louis XIV ; vous à qui l'usurpateur

même refusoit son estime, vous qui ne devez votre célébrité qu'à vos crimes, vous avez l'impudence de le désapprouver ! Jugez-vous, taisez-vous, et bénissez la clémence d'un Roi qui vous pardonne. »

L'animosité qui fait un crime au Roi de la date de son règne, est un caractère de perversité plus marqué. N'est-ce pas vouloir légitimer la présence de celui qui s'est assis sur son trône ? De puissantes considérations auxquelles s'attache la tranquillité publique, exigent que le Roi laisse subsister les actes de l'usurpation jusqu'à ce qu'il ait examiné dans sa sagesse ceux qui conviennent au bonheur de son peuple ; mais son titre date de l'instant où son prédécesseur a cessé d'exister. Tous les Français qui sont restés constamment attachés à l'illustre famille proscrite, ne citoient jamais le chef de cette auguste maison qu'en l'appelant le Roi : « S'il ne commandoit pas dans le royaume, il commandoit dans leurs cœurs, et le sentiment établissoit une religieuse filiation entre l'enfant Roi dont ils déploroient la cruelle destinée, et l'objet de tous leurs vœux. Ce titre précieux, conservé par l'amour, est le plus bel hommage qu'il ait reçu pendant son absence. Nous pouvons ajouter que nous avons connu des personnes qui, dans leurs correspondances intimes, mettoient deux dates dans leurs lettres, placées de la même manière que celles des nations qui n'ont point adopté le calendrier grégorien. L'œil ombrageux de la police avoit cherché à deviner cette énigme; mais c'étoit le mystère de la fidélité et le secret en étoit bien gardé. S'il étoit permis de révéler avec quel abandon, avec quelle persévérance la famille royale a été chérie par des personnes ignorées ou confondues dans la classe la plus obscure, c'est là où l'on trouveroit l'héroïsme du sentiment. Qu'il est pénible de penser qu'un dévouement si grand, si désintéressé, restera sans récompense, tandis que....... Mais la Providence met tôt ou tard les hommes à leur place.

Conséquens dans leurs principes, les auteurs des écrits du jour ne devoient pas voir avec plaisir le Roi très-chrétien se déclarer Roi par la grâce de Dieu. Après avoir cité le témoignage des plus grands hommes de l'antiquité, qui prêchoient le respect aux usages consacrés par la religion, M. de Chateaubriand fait une observation très-judicieuse : « Pourquoi, dit-il, la république française n'a-t-elle pu vivre que quelques momens ? C'est (indépendamment des autres causes qui l'ont fait périr) qu'elle avoit voulu séparer le présent du passé, bâtir un édifice sans base, déraciner notre religion, renouveler entièrement nos lois et changer jusqu'à notre langage. Ce monument flottant en l'air, qui n'avoit point d'appui ni dans le ciel ni sur la terre, s'est évanoui au souffle de la tempête. » La conclusion de ces réflexions présente une image très-brillante ; mais ne pourroit-on pas répondre plus directement à ces incorrigibles novateurs, en leur disant : vous auriez voulu que le Roi, imitant celui qui a rempli le vide de l'interrègne, se fût proclamé lui-même Roi par la loi constitutionnelle de l'Etat ; vous ne craignez donc pas pour lui le sort de l'anti-roi ? Le sénat qui, dans sa condescendance, avoit promulgué cette loi, l'a détruite dans sa sagesse, et avec le titre est tombé le monarque. Vous en seriez peut-être contens, mais la France ne pense pas de même. Lorsque Dieu est le dépositaire des sermens qui lient les Rois et leurs sujets, les titres des souverains ne se perdent jamais. Les empires sont agités ; un esprit de vertige s'empare de toutes les têtes ; des déplacemens injustes, des proscriptions odieuses en sont le résultat ; les peuples sont opprimés ; un clin d'œil suffit pour rétablir l'ordre : les tyrans disparoissent, le souverain légitime revient ; l'ange conservateur de ses droits les présente au peuple, qui se porte en foule dans les temples pour y chanter l'hymne de la reconnoissance. Ceux qui vouloient réformer la formule sacrée, auroient, nous n'en doutons pas, exigé ensuite qu'on supprimât cette invocation où les fidèles demandoient au ciel de répandre ses bénédictions sur les rois de la terre. Toutes les prières en faveur des souverains les auroient blessés, et de concessions en concessions ils auroient sollicité l'anéantissement de la religion.

L'auteur des *Réflexions politiques*, en parlant du séjour des alliés en France, de la conduite des souverains et de l'esprit de nos armées, réunit le caractère loyal d'un Français aussi vrai que juste, aux talens de l'écrivain. Alexandre, François, Frédéric, oubliant les cendres de Moscou, leurs sacrifices énormes et les ravages de leurs états, leurs injures, conservant nos monumens, légitimant nos conquêtes sur les arts, offrent un exemple de magnanimité et de grandeur d'ame qui sera l'objet de l'admiration de la postérité. Auprès de ces souverains se place le héros du siècle, méprisant au nom de sa nation des outrages inouis et traitant les Français comme des amis. M. de Chateaubriand nous élève au-dessus de tous nos crimes, de toutes nos erreurs et de tous nos malheurs, lorsqu'il dit que la conduite des vainqueurs est un hommage rendu à la valeur de nos armées. L'honneur, ce mot qui est sans cesse sur les lèvres d'un soldat français, parce que le sentiment est toujours dans son cœur, lui faisoit faire tout ce qui devoit illustrer sa patrie et abhorrer tous les actes qui la flétrissoient. L'honneur s'attachoit à ses drapeaux, l'honneur le rend fidèle à son Roi, l'honneur repoussera les insinuations perfides des malveillans et soutiendra sa brillante réputation. « L'honneur, dit M. de Chateaubriand, est une partie que les Français ne perdront jamais. » Après cette idée heureuse, il discute la nouvelle forme de gouvernement donné à la France, et il déplore cette impatience qui ne nous permet pas d'attendre que l'expérience et le temps aient mis leur sceau à ce grand ouvrage. La perfection n'est pas attachée à l'œuvre même de l'ouvrier le plus habile, et on veut qu'aujourd'hui tout soit parfait. Le ciel a fait assez de miracles ; mais au lieu de jouir de ses bienfaits, nous sommes comme ces enfans gâtés à qui on a tout accordé et qui demandent encore. L'avenir a beaucoup de leçons à nous donner ; cet esprit de sagesse qui veille sur nos intérêts les recueillera pour les adapter à notre bonheur. Dans les premiers jours de notre restauration, l'intérêt, l'esprit de parti, les passions inséparables de l'humanité, n'ont pas été assez comprimés par l'opinion ou même par la conviction du devoir; il en est résulté une opposition qui a inquiété les plus fidèles sujets du Roi. Mais ces nuances disparoîtront, et tous les représentans dans les deux chambres marcheront du même pas à la voix de l'honneur et de la justice. Veut-on avoir une assurance de ce pressentiment fortuné, on la trouvera dans les séances de la chambre des Députés. Une opinion unanime a voté la liste civile et la proposition pour éteindre les dettes du Roi. Le noble désintéressement de la nation s'est montré dans toute sa franchise. On retrouvera dans toutes les occasions cette admirable générosité qui tient au génie d'une nation monarchique, guerrière; portée naturellement au bien, elle le fait sans ostentation.

Dans son chapitre sur la noblesse, l'auteur des *Réflexions politiques* n'est plus cet écrivain supérieur dont nous avons prôné le grand talent : ses idées sont obscures, son style ne marche pas avec cette élégante rapidité qui entraîne le lecteur; il est abstrait, et peut-être même un peu inintelligible. Avant d'entrer dans cette discussion si délicate, nous devons faire notre profession de foi, et nous espérons qu'elle ne sera point désavouée par la noblesse française. Dépouillée de sa fortune, de ses priviléges, de ses droits honorifiques, elle en avoit fait le sacrifice à la tranquillité de la patrie. Avant le retour du Roi, elle se consoloit en songeant aux services que ses pères avoient rendus à ses illustres aïeux : il revient en présentant à la France une nouvelle forme de gouvernement; elle écoute avec respect, elle se soumet sans murmure, et elle offre son épée pour la soutenir. Cet esprit admirable qui ne s'est peut-être jamais trouvé chez aucune nation est le sien. L'honneur lui tient lieu de tout; elle trouve sa récompense dans sa fidélité. Comment M. de Chateaubriand, qui lui rend cette justice, a-t-il pu dire : « que le nouvel ordre de choses est un refuge pour tous les souvenirs et pour toutes les idées qui, ne trouvant pas leurs places dans les nouvelles institutions, ne manqueroient pas de les troubler? » Cette phrase est heureusement si métaphysique, que son obscurité laisse moins apercevoir le soupçon injurieux qu'elle renferme. La noblesse ne se seroit jamais attendue qu'un de ses membres les plus distingués lui prêteroit la pensée de vouloir troubler les institutions établies par le Roi. La confiance, lorsqu'elle est extrême, commande l'obéissance passive. Toutes les considérations sont dans son dévouement; et si toute autre main que celle du Roi touchoit à la constitution, elle croiroit sa personne en danger, et elle se feroit hacher pour défendre son ouvrage.

Le Roi aura plus d'un moyen pour dédommager la noblesse, et la bonté de son cœur est garant de ses intentions, lorsqu'il pourra les combiner avec la sagesse de ses plans; mais on est obligé de convenir qu'elle a perdu la majeure partie de cette grande existence politique dont elle jouissoit. La constitution anglaise est bien plus favorable à la noblesse. Le nombre des pairs, combiné avec la population des deux royaumes, se trouve à-peu-près dans la proportion de quatre à un. Il y a dans la chambre haute une hiérarchie de titres qui n'existe point en France. Cette hiérarchie donne plus de latitude à l'émulation et plus de facilité au monarque pour nuancer ses récompenses.

M. de Chateaubriand fait tenir aux royalistes

un langage assez extraordinaire (1). Quelques propos inconsidérés, tenus dans les salons, ont donné lieu à cette fiction qui n'est point heureuse; nous y répondons en disant que les fidèles sujets du Roi, émigrés ou restés en France, ne s'occupent ni de liberté, ni d'égalité, ni du progrès des lumières. Ils oublient la révolution et ses crimes, la philosophie et ses erreurs, leurs malheurs particuliers, les injustices publiques; ils s'honorent de leur détresse, et la vue du Roi assis sur le trône de ses ancêtres en adoucit la rigueur. Arrivés à ce terme si redouté des méchans et des parjures, et que l'honnête homme envisage de sang-froid, au lieu d'héritage brillant ils légueront à leurs enfans leurs vertus, leur amour pour le Roi, et leur épée. Ils dispensent tous ceux qui ont la bonté de s'intéresser à leur sort, de leur faire parler une langue qui leur est étrangère. S'ils avoient l'honneur d'être appelés dans les conseils du Roi, ils y diroient leur opinion avec cette franchise austère qui n'est arrêtée par aucune considération. Confondus dans la foule de ses sujets, ils n'examinent point si la France avoit, dans des temps

____

(1) Page 86.

reculés, le gouvernement qu'elle a aujourd'hui; s'il convient mieux aux Anglais qu'à nous; si la balance des trois pouvoirs étoit regardée par tous les grands hommes de l'antiquité comme le chef-d'œuvre de la politique; si nos auteurs célèbres ont eu tort ou raison d'exalter les avantages du gouvernement représentatif; si on en retrouve l'origine dans les cortès en Espagne, les états-généraux en France, les anciens parlemens en Angleterre; s'il est le bienfait de la civilisation; si, après les batailles de Crécy, de Poitiers et d'Azincourt, dont les champs furent arrosés du sang des gentilshommes français, la noblesse devint inutile (1); si l'éloge qu'en a fait Gibbon, dans son ouvrage sur la décadence de l'Empire romain, est bien mérité; ils obéissent au Roi. Ils sont comme ces prélats et ces chevaliers qui, dans une discussion élevée entre les jurisdictions seigneuriales et ecclésiastiques, plaidoient en présence de Philippe de Valois la cause de la religion et de la noblesse; ils jurèrent sur leurs croix et sur leurs épées, de s'en rapporter à l'intégrité du monarque fils aîné de l'église, et le premier gen-

----

(1) Page 92.

tilhomme de son royaume (1). Telle est et telle sera toujours l'opinion des royalistes. Leurs enfans, héritiers de leurs sentimens, servent dans la maison du Roi et dans tous les corps qui composent l'armée. Le souverain les emploiera avec le même avantage contre ses ennemis et ceux de l'Etat. En déplorant, avec M. de Chateaubriand, la chute de l'ancien gouvernement, de cet admirable système dont la durée seule fait son éloge, ils suivront les conseils qu'il leur donne : ils seront citoyens comme Scipion, et chevaliers comme Bayard. Cette noble réflexion, empruntée à l'auteur, peint d'une manière si délicate leur inclination, que nous ne devons rien y ajouter. Les belles pensées ne veulent point de commentaires.

Notre tâche est remplie : la vérité et la justice ont confondu l'éloge et la critique. Le ton qui règne dans nos observations, la manière dont elles lui sont adressées, l'hommage que nous nous sommes empressés de rendre à ses lumières, lui prouveront la pureté de nos intentions. Si nous n'avions pas été encouragés par elles,

(1) Page 101.

nous aurions été arrêtés par l'insuffisance de nos moyens dans une lutte aussi inégale. En méditant sur la différence de notre manière de voir et celle de M. de Chateaubriand, nous avons observé que les idées qui composent son vaste plan de conciliation, contiennent quelques erreurs échappées dans l'ensemble, et qui ne sont aperçues que par les personnes sur qui elles portent. Nous ferons une dernière citation qui justifiera ce que nous venons de dire. Il voudroit (1), pour éviter des récriminations, effacer des souvenirs, détruire jusqu'à ces noms d'émigrés, de royalistes, de fanatiques, de révolutionnaires, de philosophes, qui doivent aujourd'hui se perdre dans le sein de la grande famille ; il veut confondre les hommes les plus vertueux et les plus honnêtes avec les plus grands coupables. Nous avons exprimé les sentimens des émigrés et des royalistes ; ils ne veulent point d'amalgame. Les émigrés rentrés avec le Roi, et qui, plus heureux que les autres, pouvoient lui parler tous les jours de leur dévouement ; ceux qui les ont précédés en France, qui y ont soutenu avec un zèle courageux ses intérêts et

____

(1) Page 32.

ses droits ; les royalistes qui se sont joints à eux pour faire prononcer la nation dans la mémorable journée où les alliés sont entrés dans Paris , tous veulent garder leur physionomie particulière et le souvenir de leur fidélité. Si c'est le seul bien qui leur reste, pourquoi vouloir le leur ôter? La postérité , plus juste, rendra cet hommage à leurs descendans , qui jouiront dans l'opinion du prix de leurs sacrifices.

De l'Imprimerie de P. GUEFFIER , rue Guénégaud , n°. 3i.